존리와
함께 떠나는
부자 여행 ❶

주식이 뭐예요?

존리와 함께 떠나는 부자 여행 1
주식이 뭐예요?

초판 1쇄 발행 · 2021년 11월 1일
초판 3쇄 발행 · 2023년 8월 21일

지은이 · 존리 · 주성윤
그린이 · 동방광석
펴낸이 · 이종문(李從聞)
펴낸곳 · 국일증권경제연구소

등 록 · 제406-2005-000029호
주 소 · 경기도 파주시 광인사길 121 파주출판문화정보산업단지(문발동)
        서울시 중구 장충단로8가길 2(장충동1가, 2층)
영업부 · Tel 031)955-6050 ㅣFax 031)955-6051
편집부 · Tel 031)955-6070 ㅣFax 031)955-6071

평생전화번호 · 0502-237-9101~3

홈페이지 · www.ekugil.com
블 로 그 · blog.naver.com/kugilmedia
페이스북 · www.facebook.com/kugilmedia
E - m a i l · kugil@ekugil.com

ISBN 978-89-5782-188-6(14320)
    978-89-5782-187-9(세트)

존리와 함께 떠나는 부자여행

존리·주성윤 글 | 동방광석 그림

1권

주식이 뭐예요?

국일증권경제연구소

차례

등장인물

존리

공원 옆의 작은 도서관에서 사서로 일하는 아저씨다. 아이들이 오면 항상 웃음 가득한 얼굴로 반갑게 맞이해 준다. 주식에 대해서 친절하게 설명해 주고 꿈을 가질 수 있도록 도와준다. 엄마들의 고민을 듣고 해결 방안을 제시하며 아이들이 학원에 의존하는 것이 아니라 스스로 공부할 수 있도록 돕는다.

민영 엄마

자신이 신중하다고 생각하지만, 사실은 귀가 얇고 트렌드를 쉽게 쫓는다. 핸드폰을 자주 들여다보고 늘 부산하며 말이 많다. 민영이를 수많은 학원에 보내며 공무원이 되라고 강요한다. 지인의 말만 듣고 주식에 투자했다가 손해를 보고 실망하지만, 민영이의 말을 듣고 주식에 대한 생각을 재정립한다.

율이 엄마

조급하게 생각하지 않고 느긋하고 여유 있으며 모든 것을 긍정적으로 생각한다. 다른 엄마들의 이야기를 귀 기울여 들어 주기 때문에 다른 엄마들이 고민이 있으면 율이 엄마부터 찾는다. 남편의 교육 철학을 따라 율이를 학원에 보내지 않고 가르치는 소신도 있다.

지수 엄마

지수와 지우 남매의 엄마로 다소 냉소적이다. 다른 사람의 이야기를 무관심한 듯 듣고 있지만 사실은 주의 깊게 듣고 있다. 세련된 차림에 늘 커피를 들고 다닌다. 아이들에게 다른 것에 관심 갖지 말고 공부만 하라고 강요한다.

민영

똑 부러지는 성격의 초등학교 5학년 여자아이다. 자신의 적성을 생각해 볼 짬도 없이, 엄마의 권유로 공무원이 되는 것을 목표로 삼고 많은 학원을 다니고 있다. 다른 친구들과는 달리 자신의 장기나 특기가 아무것도 없다는 것을 깨닫고 우울해하기도 한다.

율이

건강하고 활기차며 활동적인 초등학교 5학년 남자아이다. 유튜버, 작가, 드론 조종사 등 하고 싶은 일이 너무 많다. 장난꾸러기였던 율이는 존리를 만난 후 책을 많이 읽으며 독후감과 발표력이 향상되고 펀드매니저의 재능도 보인다.

지수

말이 없고 소심하지만 꾸미는 것을 잘하는 초등학교 5학년 여자아이다. 다양한 분야에 관심이 많지만, 선뜻 도전하지 못하고 자신이 뭘하고 싶은지도 모르고 있다. 존리를 만난 후 디자이너의 꿈을 갖게 된다.

지우

지수의 남동생으로 초등학교 3학년이다. 나이에 비해 어려 보이지만 말과 행동은 똑 부러지고 경제와 돈에 대한 소신이 있다. 언제나 《12살에 부자가 된 키라》를 옆구리에 끼고 다니며 틈만 나면 읽는다. 부자가 되는 것이 인생의 목표이며 늘 절약하고 저축한다.

프롤로그

지난 1월 초·중·고 정규 교육과정에 주 1시간씩 금융 교육을 의무화하자는 글을 삼프로의 김동환 소장과 함께 청와대 국민청원 게시판에 올렸다. 경제적 독립을 하려면 하루라도 빠르게 어렸을 때부터 금융 교육을 받아야 하기 때문이다. 하지만 청원인원은 생각보다 적었다.

우리나라는 다른 건 다 발달했는데, 돈에 대한 건 안 가르친다. 가르치기는커녕 "돈을 멀리 해라", "공부만 열심히 해라"라고 가르친다. 사교육에 돈을 쏟아 붓고, 부자처럼 보이기 위한 과소비를 한다. 부자처럼 보이지 말고 진정한 부자가 되어야 하는데 무척 안타까운 일이다.

그러려면 어렸을 때부터 금융 교육을 해야 한다. 학생들이 배워야 하는 것은 투자에 대한 올바른 시각과 자본주의에 대한 이해다. 돈을 위해 일하지 않고 돈이 나를 위해 일하게 만드는 것을 이해하고 실천해야 한다.

어렸을 때 자전거를 배운 아이들이 어른이 돼서도 자연스럽게 타는 것처럼, 금융 지식을 학생 때 습득하면 성인이 돼서도 경제 원리와 투자에 대해 자연스럽게 이해하게 된다.

주식이 뭔지도 모르던 사람들이 주식에 관심을 갖고 작게나마 투자를 시작하고 있다. 특히 젊은 청년들의 비율이 높아지고 있다. 이는 실로 큰 의미를 갖는 일이고 나는 거기에서 우리나라의 발전과 희망을 본다.

나는 청년들이 바로 서고 청년들이 제대로 투자하고 청년들이 부자가 되기를 희망한다. 어떻게 하면 부자가 될 수 있을까? 《존리와 함께 떠나는 부자 여행》은 부자가 되는 방법, 경제 독립을 이룰 수 있는 방법을 제시하고자 한다. 어렵고 딱딱한 이론이 아니라 만화를 읽는 것처럼 재미있고 쉽게 설명할 것이다.

1권 《주식이 뭐예요?》는 사교육비 때문에 부담스러워 하는 부모와 학원 가기 싫어하는 아이들의 고민을 풀어주는 존리의 특별 수업에 관한 이야기다. 존리는 아이들이 꿈을 꾸게 하고 스스로 공부하게 하고 주식에 대해 배울 수 있도록 돕는다. '어떻게 부자가 될까?'에 대한 우리들의 이야기다.

우리나라 모든 청년이, 모든 사람이 세상을 조금이라도 바꾸는 선한 부자가 되길 바라는 마음으로 함께 부자 여행을 떠나기를 청한다. 같이 부자 여행을 떠나보자.

2021년 가을 북촌에서

존 리

1장 뜻밖의 선생님

선생님 오셨네, 어서 가자!

선생님! 안녕하세요?

휴… 지각은 겨우 면하겠군.

시험공부 많이 했어?

새벽까지 했는데도 다 못했어.

다들 바쁘군!

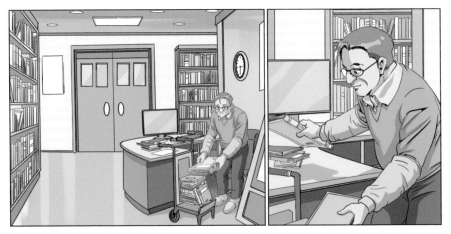

안녕하세요,
책 반납하러 왔어요.

오늘은
일찍 오셨네요.

나가는 길에
잠시 들렀어요.

오늘은 아이들과
함께 오셨네요.

학원 가기도
바쁜데 학교에서
독후감 숙제를
내줘서요…

그래서 기운이
없구나.

전 아니에요!

네가 뭘 알겠어.

넌 무슨 책 읽을 거야?

나, 이거.

지우 넌 맨날 그 책만 읽나?

얼마나 재미있는데!

조그만 녀석이 맨날 돈 이야기만 좋아하고!

난 부자가 될 거거든!

이거 읽고 나 학원가야 해.

힘들겠다.

나도야. 지금 잠깐 쉬는 시간인데 독후감 때문에 짜증 나.

넌 학원 안 가서 좋겠다.

안 가는 게 좋은 거야? 다 가는데 나만 안 가니까 이상해.

엄마가 학원 안 가면 대학 못 간다고 했어. 대학 못 가면 취업도 못 해.

누나도 이 책 읽고 부자되면 되잖아. 그럼 대학 안 가도 돼.

네가 뭘 알겠냐.

맞아! 부자가 되면 되겠네!

그나저나 민영이는 학원 몇 곳이나 다녀요?

영어, 수학, 논술, 피아노, 한자…

한자 학원도 다녀요?

공무원 시험에 한자가 중요하다고 해서요.

아, 그 이야기 들은 것 같아요.

…

애들도 애들이지만, 학원비 때문에 힘들겠어요.

우리집은 한 달에 80만원 정도 들어요. 그런데 이 정도는 보통이라고 하더라고요.

영어 학원 괜찮은 곳은 한 달에 30만 원도 넘더라고요.

그렇게 학원비가 많이 들면 살림은 어떻게 해요?

아파트 대출 갚고, 민영이 학원비 내면 빠듯해요. 저축은 꿈도 못 꾼다니까요.

할 수 없죠, 뭐. 그게 우리 현실인걸요.

그건 그렇죠…

너 한자 학원도 다닌다며?

응, 엄마가 공무원 되려면 한자 공부도 해야 한대.

그런데 왜 공무원이 되고 싶어? 다른 것도 많잖아.

공무원이 제일 안정적인 직업이라는 거 몰라?

너 원래는 만화가가 되고 싶다고 했었잖아.

그건 그냥 어릴 때 했던 소리지!

19

그럼 나도 학원 가야 하는 거 아닌가?

당연히 가야지!

우리 반 애들도 다 학원 다녀!

그런데 우리 엄마, 아빠는 벌써 무슨 학원이냐고 해서.

맞아, 형. 학원에 다닐 필요없어. 부자가 되면 되잖아.

또 부자 이야기야? 넌 조그만 게 맨날 부자, 부자!

부자는 좋은 거야! 부자는 나쁜 게 아냐!

너 착한 부자 이야기 들어본 적 있어?
다 나쁜 부자 이야기뿐이잖아.

그럼 엄마는 왜 우리보고
좋은 대학 가라고 하는 거야?

그거야 좋은 직장에 들어
가라고 그러는 거지!

좋은 직장 가면
뭐가 좋은데?

돈을 더 많이 벌잖아.

맞아! 엄마는 우리가
부자 되라고 좋은 대학
가라는 거야!

내가 엄청 부자가 되면 엄마가 나보고 대학 안 가도 된다고 할걸?

와! 너 말 잘한다! 완전 설득당했어!

흥! 어림없어! 대학 못 가면 부자가 될 수 없어!

그래서 누나는 좋은 대학 갈 수 있어?

좋은 대학 가려고 가기 싫은 학원도 참고 다니고 있잖아.

그런다고 될까?

아, 짜증나! 조용히 해라…

빨리 책이나 읽자.
조금 있다 학원 가야 해.

학원이라…

이제 겨우
초등학생인데
대학생 되려면
까마득해요.

휴우, 애들도
힘들텐데…

애들 학원 때문에
힘드시겠어요.

경쟁에서 살아남으려면
어쩔 수 없죠, 뭐…

현실인걸요.

네, 다들 사교육 때문에
힘드신 것 같더라고요.

그래도 지금은 괜찮아요.

중학교에 들어가면 100만 원도 더 든다고 하더라고요.

그렇게 사교육에 돈을 쓰면 부모님들 노후 준비는 어떻게 하나요?

노후 준비랄 게 있나요. 애들 잘 키우면 되는 거죠.

애들 대학 보내고 내 집 있으면 다행이죠, 뭐.

도서관에 자주 오시는 분이 계신데, 그분도 애들 키우느라 돈을 다 써서 여유가 없다며 일자리를 찾고 계시더라고요.

젊었을 때 누구보다 열심히 일한 분인데, 노후에 쉬지도 못하고 일을 하신다니 마음이 아프더군요.

어쩌면 아이들 학원 문제보다는 부모님의 노후가 더 중요한 일인지도 몰라요.

여기서 일하다 보면 정말 많은 분을 만날 수 있는데요.

자격증 공부하세요?

뭐라도 해야 먹고 살지요.

다들 사교육 때문에 노년에 힘들어 하시더라고요.

애들 키우느라 여유가 없다 보니 별수 없지요.

그렇군요…

우리도 힘들기는 마찬가지지만…

다들 학원에 보내니 안 보낼 수도 없고…

그러고 보니 율이 엄마는 태권도만 보내죠?

아, 네.

불안하긴 한데… 남편이 엄청 반대해서요.

학원에 보내는 것을 반대하는 이유가 뭔가요?

남편은 등수를 위한 공부는 아무 의미도 없다.

대학 가서 취업하는 것이 능사가 아니다.

월급쟁이로 자라난 아이는 특별하기 어렵다고 말해요.

그것 말고도 많아요.

제 생각은 좀 다르지만 남편을 이길 수가 없어서요.

남편분의 말에 저는 공감해요. 신기하게도 제가 평소에 하던 생각과 거의 같네요.

하지만 중요한 것은 그다음이죠.

사교육을 줄여 만들어진 자금을 어떻게 활용할 것인가!

!

그나저나 사교육을 줄여서 만든 자금으로 무엇을 하는 게 좋을까요?

저라면 아이들과 자신을 위해 주식에 투자할 거예요.

주식 투자요?

제가 아는 사람은 주식 투자하다가 망할 뻔했다던데요.

주식보다는 은행이 더 안전하지 않나요?

요즘 아이들에게 주식 사 주는 게 유행이라는 말을 들은 적은 있어요.

주식 사 주는 유행이요?

그런 게 있었어요?

아이들에게 어렸을 때부터 투자의 감각을 길러준다나… 여튼 그런 게 있더라고요.

그것도 이유 중의 하나이긴 하네요.

하지만 제가 주식을 권한 이유는…

아이들의 미래와 자신의 노후를 위한 가장 좋은 투자이고

은행보다 더 안전한 투자이기 때문이죠.

주식이 은행보다 더 안전하다고요?

다들 말리던데요? 일종의 도박 같은 거 아닌가요?

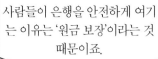
사람들이 은행을 안전하게 여기는 이유는 '원금 보장'이라는 것 때문이죠.

맞아요. 은행은 원금이 보장되잖아요.

반면에 주식 투자는 원금을 잃을 수도 있잖아요.

하지만 은행예금은 시간이 지날수록 가치가 줄어들고 있죠.

네에? 가치가 줄어든다고요?

은행에 맡겨둔 돈이 원금의 가치를 유지하려면 오르는 물가만큼 이자도 올라야 할 텐데요.

은행 이자가 물가가 오르는 만큼 오르던가요?

그건…!

하지만 주식은 다르죠. 기업의 이익은 인플레이션보다 높기 때문이죠.

하지만 위험하다던데…

난 주식을 잘 몰라서…

주식은 쉽게 말해 내가 투자한 돈만큼 그 회사의 주인이 된다는 의미예요.

100만 원 어치 주식 살게요.

당신은 100만 원만큼 우리 회사의 주인이십니다!

국일 주식 회사

당연히 회사의 주인은 회사가 성장하면서 벌어들인 돈을 투자한 비율만큼 가질 권리가 있지요.

내가 투자한 회사가 성장했네!

성장한 만큼 이익을 돌려드릴게요.

국일 주식 회사

물론 내가 가진 주식을 자유롭게 팔 수도 있고요.

요즘 성장하는 회사의 주식이에요.

고마워요! 나도 잘 투자해 볼게요.

주식

그리고 그동안 회사가 성장했으니 내가 산 가격보다 더 비싸게 팔 수 있겠지요.

31

하지만 회사가 망하면 어떡하죠?

물론 회사가 망할 수도 있어요. 그러면 투자한 돈을 잃게 되지요.

하지만 어떤 회사도 망하기 위해 일하지는 않아요. 다들 성공하기 위해 최선을 다하죠.

우리는 그저 좋은 회사를 알아보는 안목과 성장할 때까지 기다릴 인내만 있으면 되는 겁니다.

그게 제일 어려운 것 아닌가요?

맞아요.

그건 우리가 투자의 시간을 너무 짧게 생각하기 때문이에요. 그리고 너무 위험한 방법으로 투자하기 때문이기도 하죠.

어떤 사람은 몇 달 만에 심지어 며칠 만에 수익을 얻으려고 하고 또 빚까지 내서 주식을 사기도 하는데 그런 것은 아주 위험한 방법이에요.

전 원래 그렇게 하는 줄 알았어요. 다들 그러더라고요.

그래서 사람들이 주식 투자를 위험하게 생각하는 거랍니다. 사실 그건 투자가 아니라 투기예요.

게다가 자신이 투자할 회사에 대해 잘 알지도 못한 채 사람들의 말만 듣고 주식을 사는 경우도 많아요.

맞아요. 다들 누구한테 이야기를 들었다고 하더라고요.

부동산 살 때를 생각해 보세요. 아무리 좋다는 말을 들었어도 직접 가서 살펴보고 따져본 후 집을 사잖아요.

맞아, 맞아!

꼭 직접 살펴봐야죠!

주식을 살 때도 기업의 가치를 잘 살펴보고 산다면 위험하지 않아요.

그럼 투자한다면 어느 정도 시간을 갖고 해야 하나요?

아이들이 성장해서 자금이 필요할 때, 그리고 여러분이 모두 은퇴하고 노후에 자금이 필요할 때… 그때까지 계속 투자하는 거죠.

그렇게나 오래요?

일 년도 길다고 생각했어요.

원래 주식의 가격은 오르고 내리기를 반복하기 마련이죠.

하지만 장기적으로 보면 성장하고 있답니다.

물론 성실하고 건전한 회사라는 전제가 있어야겠지요.

이제야 학원비를 투자로 전환하라는 이유를 알겠어요. 어쩌면 학원비야말로 어렵게 만들어 낸 투자자금일 수도 있겠네요.

하지만 아이들이 학원에 가지 않으면 뭘 하죠? 돈도 돈이지만 아이들에게 유용한 시간이 되어야 할텐데요.

맞아요. 이해는 하지만 다른 아이들 공부할 시간에 마냥 놀게 둘 수도 없잖아요.

역시 학원을 포기하는 건 쉬운 일이 아니네요.

흠… 그렇다면…

제가 좋은 선생님을 소개해 드리면 어떨까요?

그런 선생님이
있나요?

무슨 과목
선생님인가요?

아이들에게
창의적인
경험을 하게
해 주고

그 경험으로 스스로
공부할 동기를
만들어 주고

다른 아이들과 경쟁하는 것이 아니라
아이의 잠재력을 키우는 데
주력하는 선생님이죠.

와

그 선생님 좀
소개시켜 주세요!

사서님 추천이라면
믿을 수 있어요!

저도요!

그 선생님은
바로…

접니다!

사서님 말,
어떻게 생각해요?

너무 뜻밖이라
놀랐어요. 그러니까
사서님이 아이들과
함께 공부한다는
말이잖아요.

하지만 사서님이라면
믿을 만하죠. 동네에서
척척박사로 불리는
분이잖아요.

야!

너 까불지 마!

...

저런 아이들을 사서님이 혼자서 감당할 수 있을까요?

그것 말고도 의심스러운 점이 많아요.

맞아요. 특히 학원비가 좀 마음에 걸려요.

수업료를 내긴 내야겠지만…

좀 이상하잖아요?

평판이 좋은 분이긴 한데…

설마 다른 학원에 또 보내려는 건 아니겠지?

나도 같이 가는 건가?

이제 너도 좋은 날은 끝났어.

뭐라고요?

그러니까 아이를 학원에 보내지 말고
그 돈을 자기에게 달라고
했다고요?

말하자면
그런 말이었어요.
훨씬 가치 있게 쓰게
될 거라고도 했고요.

아무리 평판 좋은
사서라고는 하지만
뭔가 수상한
냄새가 나요!

아무래도 내가
알아봐야겠어요!

뭔가 일이
생긴 거야!

40

누가 내 이야기 하나?
왜 이렇게 귀가 가렵지?

존리의 말말말

"주식이 희망이에요. 나의 노동력의 한계를 보완하는 것이 주식이고, 나를 위해 자본이 가장 효과적으로 일하게 하는 게 주식이거든요. 내가 놀러 가도, 내가 잠을 자도 돈이 나를 위해 일하는 거예요."

"돈을 위해 일하지 말고 돈이 나를 위해 일하게 해야 합니다."

"주식에 투자한다는 것은 나의 기업을 갖는 것이에요."

"오늘 당장 1만 원이라도 주식 투자를 하세요. 시작이 중요합니다."

"주식은 모으는 것이지 샀다 팔았다 하는 것이 아니에요. 단기 투자를 하는 사람은 절대 장기 투자하는 사람을 이길 수 없어요."

"주식 투자는 여유자금으로 해야 해요. 빚내서 투자하는 것은 투자가 아닌 투기입니다."

"유대인은 전 세계 0.1% 밖에 안되는데 전 세계 자산의 30%를 가지고 있어요. 유대인은 자녀에게 부자가 되라고 가르쳐요. 13살부터 투자를 하죠. 반면 우리는 오로지 '공부 잘해라'고 가르쳐요. 그러니 경제에 어두울 수밖에 없어요."

"사교육비를 줄여서 주식에 투자해야 해요. 사교육에 매달리지 말고 아이들에게 금융 공부를 시키고, 주식 하는 방법을 알려줘서 부자가 되게 해야 해요."

"부자처럼 보이지 말고 부자가 되어야 합니다. 남들이 사는 방식을 따라하지 마세요. 부자가 되는 길은 놀라울 정도로 가까운 데 있습니다. 과도한 소비를 투자로 바꾸는 라이프스타일로 전환하기만 해도 기적이 일어납니다."

"한국에서 가장 위험한 것은 재산 중 80%가 주택 비중이라는 것이에요. 집값이 떨어지면 파산하는 건데 그걸 포기 못 해요. 그리고 부동산보다 주식의 수익률이 더 높습니다. 1999년 1월부터 2019년 11월까지 20년 동안 서울의 아파트는 252% 상승했지만 같은 기간 코스피 지수는 568.5%, 삼성전자는 3,354% 올랐어요."

2장 유별난 선생님

다음 날 저녁

여보, 다녀왔어요!

그 사서란 사람
알아보고 올 게요.

네? 정말
가 보려고요?

그럼요!
정말 사기꾼일지도
모르잖아요?

하지만…

걱정 말아요!

괜찮을까?

…

46

우리 아빠 출동!

새 학원 조사하러 우리 아빠가 출동했음!

뭐라고?

학원 안 갈 생각 좀 그만하지?

우리 반에서 너만 학원 안 다니잖아.

뭐?

대사건이 벌어졌는데 관심이 없구나.

공부만 하더니 바보가 되었나?

대사건은 무슨!

숙제나 하시지?

쳇…

아이들 학원비로
사기를 치려고
하다니!

사서라는 사람이
그래도 되는 거야?

대체 어떤
사람이길래…

…

어?!

저 사람은?

존 리 선배잖아.

선배님!
저 아빠 됐어요!

축하해!

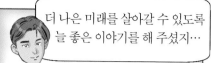

더 나은 미래를 살아갈 수 있도록
늘 좋은 이야기를 해 주셨지…

등수를 위한 공부는 아무 의미도 없어.
대학 가서 취업하는 것이 능사가 아니지.
월급쟁이로 자라난 아이는
특별하기 어렵다고.

아, 네…

어떻게 지내시나 궁금했는데

아빠 된 거 정말 축하해!
멋진 아이로 키울 거라 믿어!

네, 선배님!
감사합니다!

여기 계실 줄이야…

존 리 선배라면
그런 제안을 하고도
남지.

믿고 맡길 수 있는
분을 만나서
다행이야.

49

여보!

별일 없었죠?

별일은요, 아주 무사히 다녀왔어요!

아무 걱정 말고 사서님이 제안한 대로 해 보세요.

네에?

그래도 괜찮겠어요?

그 사서님, 아주 좋은 분이에요.

당신이 아는 분이에요?

내 말이 맞지?
대사건이라고 했잖아.

정말 대사건이네.

나도 엄청 놀랐어.

학원이라면 하나라도
더 보내려고 하던 우리 엄마가…

학원을 두 개나
그만두라고 하셨어!

이제부터 그 학원들 대신
도서관으로 가렴.

네에? 정말요?

우리 엄마도 그랬어!
도서관에 가면
좋은 선생님이
계실 거라고 했어.

난 학원이라면
절대 안 된다고 하던
우리 아빠가
허락한 게 신기해.

51

어서들 오렴!

엄마가 도서관에 가면 좋은 선생님이 계실 거라고 했어요.

우리 엄마도요.

저도요.

저도 같이 가랬어요.

그래, 오늘부터 내가 너희들 선생님이 될 거야.

네에? 정말요?

우리 뭐 배워요?

와!

일단 자리에 앉으렴. 너희들을 위해 준비해 둔 것이 있단다.

오늘 수업은 이거란다!

공부하는 거 아니었나요?

뭘 써야 하죠?

만화 그려도 돼요?

와…

오늘은 무슨 공부를 할지
결정하는 날이란다.

그걸 우리가
정해요?

그건 선생님이
정하는 것 아닌가요?

여긴 학원이 아니란다.
그러니 너희들 마음대로지!

이제부터 그 종이에 너희들이 되고 싶은 것,
관심 있는 것, 하고 싶은 것, 가고 싶은 곳,
가지고 싶은 것을 마음껏 적어 보렴!

오늘은 그것만
하면 되나요?

물론! 오늘
공부는 그거야!

53

그럼 열심히 적어 보렴!

...

...

난 부자라고 쓸 거야!

이 정도는 아무것도 아니지!

음… 내가 되고 싶은 건…

공 무 원.

...

난 유튜버! 프로게이머! 웹툰 작가! 드론 조종사!

난 부자!

저 애들은 하고 싶은 게
많나봐.

…

넌 뭐라고 적었어?

!

아직 못 적었어?

그게…

난 내가
뭘 하고 싶은지
모르겠어.

그럼 대학생이라고 적어.
우리 대학 가려고 공부하는 거잖아.

맞아, 그러네.

또 뭐가 있지?
아! 우주비행사!

난 부자!

여기 도서관이거든!
좀 조용히 해 줄래?!

!

누나가
더 시끄럽거든!

여긴 학원 대신 오는 곳이잖아!
넌 여기 왜 온 거야!

엄마가 가래서
왔지!

어린애가 맨날
부자 타령이나
하고!

부자
부자

선생님! 쟤네 싸워요~

서로 의견 차이가 있었던 모양이구나.

무슨 일인지 물어봐도 될까?

제가 부자가 된다고 했더니 괜히 누나가 짜증내잖아요~

어린애가 너무 부자 이야기만 하잖아요~

그래, 생각해 보니 어른들도 부자 이야기를 그리 좋아하는 것 같지는 않더라.

사실은 부자가 되고 싶으면서도 말이야.

그럼 말 나온 김에 부자 이야기를 해 볼까?

좋아요!

우리가 세상을 살아가려면 먹을 음식도 있어야 하고, 그 음식을 보관하는 냉장고도 있어야 하고, 냉장고를 움직이는 전기도 있어야 하고…

또 뭐가 필요할까?

물도 필요해요!

차도 필요하고요!

집도 필요해요!

신발도 필요해요!

그래, 맞아! 그럼 이런 것들이 부족하면 어떻게 될까?

엄청 불편할 거예요!

살기 힘들 것 같아요!

맨발로 다녀야 해요!

서로 사려고 경쟁해야 할 수도 있어요.

그렇지, 그럼 이런 것들을 사려면 무엇이 필요할까?

돈이요!

그렇다면 돈이 적으면 우리가 사는 것이…

불편해져요.

갖고 싶고 필요한 것을 사지 못해요.

다들 잘 알고 있구나! 우리에게 돈이 필요한 이유가 바로 그거야.

그래서 우리는 돈을 버는 방법을 배워야 한단다. 우리가 사는 것이 불편하지 않도록 말이야.

하지만 어른들은 아이들에게 돈 버는 방법을 잘 가르쳐 주지 않지. 학교에서도 가르쳐 주지 않고.

어른들만 부자 되려고 그러는 건가요?

그건 아니란다. 사실 어른들 중에도 돈 버는 방법을 잘 모르는 사람이 많단다.

회사에 가면 월급 주니까… 그걸로 돈 버는 것 아닌가요?

그렇지. 하지만 누구도 영원히 회사에 다닐 순 없겠지?

나이가 들거나 몸이 아프면 회사를 그만두게 될 테니까.

그럼 어떡하죠?

우리 아빠도 언젠가는 회사 안 나가는 건가요? 그럼 돈은 누가 벌어요?

그래서 저금을 해야 하는 거야!

엄마가 그랬어. 은행에 저금하면 이자도 준다고. 그럼 돈이 불어난댔어!

그래! 그런 것이 바로 돈을 버는 방법이란다!

우리는 일을 해서 돈을 버는 법도 알아야 하지만, 돈이 우리를 위해 일하는 것도 배워야 한단다.

왜냐하면 누구든 언젠가는 더 이상 일할 수 없는 때가 오니까.

그런데 일을 하지 않아도 돈을 벌 수 있어요?

정확히 말하자면, 내가 벌어둔 돈이 스스로 돈을 벌게 하는 방법이지.

와!

그런 방법이 있다니!

어떻게 그러지?

신기하다!

지우 말처럼 은행에 저금해서 이자를 받는 것도 돈이 스스로 돈을 버는 방법이야.

하지만 세상엔 은행 말고도 돈이 스스로 돈을 벌게 하는 방법이 많단다.

그런 방법을 아는 것이 부자가 되는 방법을 아는 거지!

그 방법 배우고 싶다!

와!

학교에선 왜 안 가르쳐 주지?

자! 우선 너희들이 지금 당장 할 수 있는 방법이 있단다!

스스로 용돈을 벌고, 그 돈을 저축해 보는 거지!

네? 용돈을 벌라고요?

용돈은 엄마가 그냥 주시는 걸요.

맞아요. 한 달에 한 번씩 주신다고요.

자신이 번 돈과 그냥 용돈으로 받은 돈은 완전히 다르단다.

너희들이 스스로 용돈을 벌면 돈의 소중함도 알게 되고 전처럼 함부로 쓰지도 않게 되지!

자전거 타기를 글로 배울 수 없는 것처럼, 돈에 대해 배우는 것도 실제로 돈을 벌고, 모아 봐야 알게 되는 거야.

그러니 오늘부터 집안일을 도우면서
용돈을 벌어 보렴!
엄마도 기뻐하실 거야.

네!

자! 이제 두번째 부자
이야기를 해 볼까?

부자는 어떤 사람일까?
어떤 사람이 부자가
되는 걸까?

음…

저축 잘하는 사람?

공부 잘하는 사람!

좋은 대학 간 사람!

좀 더 쉽게 생각해 볼까?

자동차를 만드는 회사에서
제일 부자는 누구일까?

사장

사장이요!

사장이
제일 부자예요!

맞아요!

64

맞아!
보통 사장이
제일 부자지.

그럼 왜 사장이
제일 부자일까?

사장은 원래
부자예요.

드라마에서도 사장이
언제나 부자예요.

그래,
그 말도 맞아.
하지만 사장은
직원들과 다른
것이 있어. 한번
생각해 보렴.

뭐가 다르지?

아! 회사의
주인이라는 거?

그래, 정답이야!
사장은 회사의
주인이지!

다른 직원들은 주인에게
월급을 받는 사람들이고.

그럼, 부자가 되려면 어떻게 해야 할까?

내 회사가 있어야 해요!

하지만 그 큰 회사를 어떻게 가져요? 갖고 싶다고 아무나 가질 수 있는 게 아니잖아요.

그래, 맞아! 하지만 회사란 아주 큰 회사만 있는 것이 아니란다.

어떤 크기든 상관없단다. 가장 중요한 것은 무언가를 스스로 만들어 내는 능력이 있다는 거란다.

혼자 일하는 회사도 있고, 두 명, 아니면 좀 더 많은 사람이 모인 회사도 있지.

공부를 잘하고,
좋은 대학을 가고,
좋은 직장에 가는 것은
부자가 되는 거랑
크게 상관이 없단다.

!?

그럼 공부 안 해도
되는 건가요?

스스로 뭔가를
만들어 내려면
공부를 해야겠지!

대학을 가기 위해
공부하는 것이 아니라,
뭔가 만들어 낼 줄
아는 사람이 되기 위해
공부를 해야
한단다!

내가 하고 싶은 일을 찾고,
그 일을 잘하기 위해 공부를 하고,
어떤 가치를 만들어내는
회사의 주인이 되는 사람!

...

그런 사람이 결국 부자가
되는 거란다!

와! 나도 열심히 공부해서 부자 될 거야!

우리 엄만 공무원 해야 편하게 살 수 있을 거라 했는데…

부자가 되려면 공무원 말고 다른 것도 생각해야겠어!

난 하고 싶은 것이 많으니까 공부만 하면 되겠어!

…

많이 적지 못 했다고 실망하지 말렴! 그저 충분히 생각해 볼 시간이 없었을 뿐이니까!

오늘 정말 엄청난 것을 배운 것 같아!

맞아! 형!

우리 엄마, 아빠도 이런 이야기는 안 해줬는데!

공무원이 제일 좋은 건 줄 알았는데… 정말 깜짝 놀랐어.

넌 어땠어?

…

난 별로였어.

나만 숙제 받아왔잖아.

걱정마! 그런 건 금세 다 쓸 수 있어!

어렸을 때 하고 싶었던 것 써 봐.

지수의 집

...

지수야,
공부하니?

도서관 숙제해요.

도서관에서도
숙제를 내줬어?

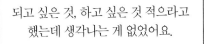

되고 싶은 것, 하고 싶은 것 적으라고
했는데 생각나는 게 없었어요.

...

이게 뭐니?

다른 애들은 다 했는데
나만 못했어요.

옛날엔 하고 싶은 거 많았잖아. 잘 생각해 봐.

…

대학 못 가면 아무 소용없잖아요. 그냥 애들이 하는 이야기라고요.

그럼! 대학 중요하지!

엄마, 나 대학 간 다음에 뭐가 되어야 해요?

그건…

…

…

민영의 집

엄마! 나 이제 용돈 그냥 주지 마세요.

이제부터 집안일 돕고 용돈 벌 거예요.

네가 웬일이니?

이제 나도 돈 버는 연습을 하려고요.

쓸데없는 소리 말고 공부나 열심히 해. 어린애가 무슨 돈 버는 연습이야.

돈에 대해 모르면 공무원이 되도 부자가 될 수 없어요.

뭐어?

맞는 말이야. 애들도 돈에 대해 배워야 해.

여보!

민영이가 그런 말을 했다고요?

도대체 사서님이 무슨 이야기를 했길래 용돈을 벌겠다고 하는 걸까요?

아…

율이도 아침에 그 이야기를 하더라고요. 그래서 그러라고 했어요.

율이도요?

애들이 공부할 시간도 없는데 이래도 되는 걸까요? 사서님이 이상한 거 가르치는 거 아닐까요?

설마요…

그나저나 지수 엄마는 뭐래요?

아, 지수 엄마는…

왠지 좀 우울해 보이더라고요.

그래요? 왜 그럴까요?

오늘은 내가 되고 싶은 것에 대한 책을 읽어 보자.

나 용돈 벌기로 했어.

나도.

나도!

너도 용돈 벌기로 했어?

아직 말 못 했어.

왜? 엄마한테 혼날까봐?

우리 엄마도 공부 안 한다고 잔소리했어.

엄마가 기분이 별로였어. 아빠하고 싸웠나 봐.

야! 쓸데없는 소리 하지 마!

그럼 조용히 있어야 해.

맞아.

그런 거 아니래도?

다들 재미있는 책을 골랐구나.

와! 지수는 아주 멋진 꿈을 가졌네.

어제 겨우 생각해 냈어요.

어렸을 때부터 뭔가 꾸미는 걸 좋아했거든요. 그냥 놀이라고 생각했었는데 생각해 보니 제 특기인 것 같아요.

그림 그리는 게 제일 좋아!

이런 건 내가 학교에서 제일 잘해.

대단하구나. 난 그림 잘 그리는 사람이 제일 부럽더라.

정말요?

자! 그럼 내가 하고 싶은 일에 대해 알아보자!

네!

며칠 후

다녀왔습니다!

오늘은 무슨 공부했니?

책 읽었어요.

그래?

다시 며칠 후

다녀왔습니다!

어서 오렴.

오늘도 책 읽고 왔어요!

오늘도 책만 읽었다고?

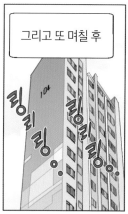

그리고 또 며칠 후

아! 지수 엄마! 무슨 일이에요?

아무래도 사서님한테 한번 가봐야 하는 거 아닐까요?

아…

율이는 언제부터인가 회사를 세우겠다며 용돈을 벌겠다고 하고 공부도 자기가 알아서 하더라고요.

지수도 갑자기 디자이너가 되겠다고 하더라고요! 사서님이 공부를 시키는 줄 알았는데 엉뚱한 걸 가르치나 봐요!

아…

아무래도 사서님 만나서 한번 따져봐야겠어요! 민영 엄마에게도 말해놓을게요!

네, 그러세요.

애들이 갑자기
변해서 걱정이
많으신 모양이네.

그러게요.
나도 깜짝 놀랐어요.
율이가 저럴 줄
알았나요?

룰루랄라,
이 설거지는
500원이라네~

괜히 몰려갔다가
사서님에게
실수하는 건
아닐까요?

그런 일은 없을테니
걱정 말아요!
엄마들하고 같이
가보세요.

선배를 만나봐야
따지기는커녕,
설득만 당하고
올 거라고요.
하하하…

다음 날

안녕하세요?

저희 왔어요.

어서 오세요.

기다리고 있었습니다.

기다리고 계셨다고요?

저희가 올 것을 아셨어요?

앉으시죠.
여기가 아이들이 공부하는 자리랍니다.

네~

좋네요.

아이들이 무슨 공부를 하나 걱정돼서 오셨지요?

아…

네…

그냥 궁금해서요…

79

요즘 아이들이
집에서 어떻게 지내나요?
전과 달라졌나요?

말씀 잘하셨어요!
요즘 민영이가 용돈을 벌겠다고
집안일을 찾아서 하고 있어요!

율이도요.

지수도요!

가뜩이나 돈에 관심이
많은 지우는 도서관에
다니면서부터 회사의
주인이 되겠다고
들떠 있어요.

율이는 자기
회사를 세운다며
뭘 만들어야 할지
찾아야 한대요.

다른 애들 한창
공부하고 있을 시간에
이러면 안 되는 거
아닌가요?

저도 걱정이
돼요.

아이들이 아주 잘 실천하고 있군요!

그런가요?

그냥 놀고 있는 것 같은데요.

잘하고 있다고요?

우리가 아이들에게 좋은 대학에 가야 한다고 말하는 이유가 뭘까요?

좋은 직장에 가기 위해서죠!

좋은 직장에 가야 하는 이유는 뭘까요?

그야… 좋은 직장이 돈도 더 많이 벌고…

맞습니다!
결국 아이들을 학원에
보내며 공부시키는 이유는
돈 많이 벌었으면 하는
바람에서지요.

돈보다는
행복하게
살았으면 해서…

맞아요, 그게 부모
마음이죠. 하지만
자본주의 사회에선 돈이
없으면 행복하기 어렵죠.
그래서 어른들도
열심히 일하고 있는
거고요.

그런데 제 경험으론 공부를 잘하는 것과
부자가 되는 것은 큰 상관이 없어요.

네?

그럴 리가…

정말요?

공부가 그들의 일에 도움이
되었을지는 모르지만,
그들이 공부를 잘했기에 부자가
된 것은 아니에요.

제 주변에도 큰돈을 번 친구들이 있는데, 대부분 새로운 것을 계속 생각해 내고, 그걸 이루어 내려는 의지가 강한 사람들이에요.

다른 사람 아래에서 월급쟁이로 일하면서 부자가 된 사람은 없어요.

부자가 되려면 자신의 일을 해야 해요.

회사의 주인이 되어야 해요.

하지만 모든 사람이 그런 능력을 가진 건 아니잖아요?

물론이죠! 사람들마다 다 개성이 있고 능력이 다르죠. 하지만…

내가 회사를 세우지 않아도 회사의 주인이 되는 방법이 있어요.

아! 기억나요!
전에도 말씀하셨죠.
바로 주식이군요!

네, 맞습니다!
주식은 모든 사람이
회사의 주인이 되는
방법이죠!

하지만 아이들에게
주식은 좀…

위험하기도
하고…

잘 몰라서…

혹시 아이들에게 저축하는
습관을 길러야 한다고
말한 적 있나요?

그럼요!

어렸을 때부터
가르쳤죠!

당연하죠!

주식도 다르지
않아요. 주식도
수많은 금융
상품 중 하나일
뿐이에요.

다른 점이라면 주식은 모두가 부자가 될 수
있는 길을 가르쳐 줄 뿐 아니라 미래의 꿈을
꿀 수 있게 해줍니다.

저축은 그저 은행에 돈을 넣어두는 소극적인 방법이지만, 주식은 투자할 회사를 직접 선택하고 같이 성장하는 적극적인 방법이죠.

은행에 저금할 거야.

와! 대박! 이거 만든 회사에 투자할 거야!

은 행

그리고 주식은 아이들에게 세상에 대해 많은 것을 알게 해줄 거예요. 금융에 대한 지식은 물론이고요.

앞으론 전기자동차의 시대가 될 거야.

배터리 만드는 회사가 성공할 것 같아.

결국 전기를 쓰니까 전력회사는 어때?

이 모든 것은 우리 어른에게도 그대로 통하는 이야기고요.

어머니들도 주식을 통해 회사의 주인이 될 수 있어요. 심지어 부동산 투자처럼 많은 돈이 필요하지도 않아요.

그저 외식할 돈 조금씩 절약하면 언제든 주식을 살 수 있어요.

아이들이 저금통에 동전을 넣는 것처럼요.

게다가 주식은 저금통의 돈처럼 놀고 있는 것이 아니라, 회사의 성장과 함께 불어나서 돌아오죠.

다들 아이들이 다른 아이보다 뒤처질까 봐 걱정이 많으실 거예요.

맞아요.

너무 걱정이에요.

그래서 학원 하나라도 더 보내려고 애쓰는 거죠.

맞아요!

그래야 나중에 고생 안 한다고요!

하지만 제가 생각하기에 더 큰 문제는 공부가 아니라, 금융에 대한 지식이 없다는 거예요.

네?

그런가요?

그게…

금융에 대한 지식과 경험이 있는 아이와, 그렇지 않은 아이의 차이는 어떨까요?

그 차이는 성인이 되어 사회인이 되었을 때 드러납니다.

소비를 줄여서 청약도 들어놓고, 주식 투자도 하고, 연금도 하나 들어야지!

이번 달에는 가방을 하나 사야지!

하지만 이 문제는 어린아이나 젊은이뿐 아니라 우리 어른들도 마찬가지랍니다.

86

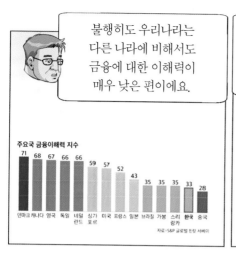

불행히도 우리나라는 다른 나라에 비해서도 금융에 대한 이해력이 매우 낮은 편이에요.

주요국 금융이해력 지수

덴마크	캐나다	영국	독일	네덜란드	싱가포르	미국	프랑스	일본	브라질	가봉	스리랑카	한국	중국
71	68	67	66	66	59	57	52	43	35	35	35	33	28

자료·S&P 글로벌 트링 서베이

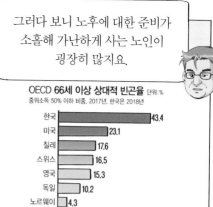

그러다 보니 노후에 대한 준비가 소홀해 가난하게 사는 노인이 굉장히 많지요.

OECD 66세 이상 상대적 빈곤율 단위:%
중위소득 50% 이하 비중, 2017년, 한국은 2018년

한국	43.4
미국	23.1
칠레	17.6
스위스	16.5
영국	15.3
독일	10.2
노르웨이	4.3
프랑스	3.6

OECD 국가 중 일하는 노인의 수도 가장 많고, 삶에 지쳐 스스로 목숨을 끊는 수도 가장 많다고 해요.

세상에…

저런…

전 금융에 대한 이해만 더 높아져도 충분히 좋아질 거라고 생각해요.

그런데도 어른들은 아이들에게 금융에 대해 가르치려 하지 않아요.

그저 좋은 회사의 월급쟁이로 키우려고 하지요.

…

하지만 늦지 않았어요.
이제부터라도 우리 아이들을
건전한 투자의 세계로
이끌어야 해요.

그러니 우선 엄마들부터
금융에 대해 알아야 해요.

그래야겠어요.

맞아요.

돈에 대해 아무것도 모르는
사람이 돈을 잘 벌 수는
없잖아요.

그러니 주식에도 관심을 가지고
도전해 보세요.

전 아직 자신이
없긴 해요.

정말
그래야겠어요!

호호…

오늘 정말
유익했어요.

언제든지
놀러 오세요.

고맙습니다.

너무 걱정 마세요. 아이들은
우리 생각보다 훨씬 똑똑하니까요.

휴우…

사서님 말이 맞는 것 같아요.

얼마 전에 지수가 자기는 뭐가 되어야 할지 모르겠다고 하더라고요.

제가 꿈도 없는 아이로 키우고 있었던 것 같아요.

너무 자책하지 말아요. 우리도 이제 변하면 되죠.

다행이에요, 사서님이 있어서요.

그러게요.

맞아요.

89

가르침을 실천하는 아이들

존리

주식투자 자금이 2,600만 원이었다고 들었어요. 어떻게 모았어요?

졸업식, 입학식, 생일 등 기념일마다 받은 용돈을 쓰지 않고 13살 때까지 꾸준히 모았어요. 모은 돈을 주식에 투자했고 큰 수익을 냈어요. 아쉬운 점이 있다면 태어날 때부터 주식에 투자했다면 얼마나 좋았을까 하는 것이에요.

소년

어렸을 때부터 주식을 시작하게 된 계기가 있을까요?

어릴 때부터 주식을 한 주, 두 주… 사면 차곡차곡 쌓여 나중에 큰돈이 되리라 생각했어요. 수익률을 보고 주식을 사고파는 것이 아니라 하나씩 하나씩 모으는 거죠. 투자할 때 가장 좋은 점은 누구보다 일찍 사고 누구보다 늦게 파는 것이라 생각해서 어릴 때부터 주식에 투자했어요.

주식을 살 때 어떻게 선택했나요?

저는 우리 집 냉장고, 자동차는 뭐고… 이런 일상적인 데서 발견한 기업들에 투자했어요. 대표님의 특별한 성공 투자비법을 배우고 싶어요.

사람들이 "어떤 주식 사야 해?"라고 물으면 내가 주인이 되고 싶은 회사가 어딜까? 그걸 결정하고 나서 이 회사가 정말로 내가 생각하는 것처럼 돈을 벌까? 매출액이 얼만큼 될까? 얼마나 이익을 낼까? 이러면서 경쟁사를 보게 되고, 이렇게 하나하나 배우면 엄청난 교육이 돼요. 그러면 주식을 보는 눈이 영리해지고 합리적으로 변하지요.

← → ↻   ☰

To   존리님께

존리님, 안녕하세요?

존리님 덕분에 주식을 투자하게 된 고등학생 최승혁이라고 합니다.

저는 2019년 존리님을 만나기 전까지

매달 80만 원을 사교육비로 지출하고 있었습니다.

정말 잘못되었다고 인지도 못할 정도로 금융문맹이었는데,

우연히 존리님의 유튜브를 접한 뒤로 열심히 경제공부를 하면서

부모님을 설득해서 사교육비를 전부 주식에 투자해서

현재 1억 2천만 원 가량까지 모을 수 있게 되었습니다.

사업보고서를 읽어가면서 펀더멘탈을 분석하고

사업성을 파악한 주식을 사서 장기투자한 뒤

매달 열심히 주식을 모았더니 금새 자본이 불어나더군요.

존리님은 제게 인생의 스승이고, 제겐 둘도 없는 선생님입니다.

존리님을 실제로 한번 뵐 수 있는 기회를 주신다면

제겐 정말 둘도 없는 영광일 거예요.

존리님을 실제로 뵙고 감사하다는 말씀 꼭 한번 드리고 싶습니다.

▼   📎 🖼 ☺ 🔍   Send

3장 잠든 돈 깨우기

모두 독후감 잘 써 왔어요.

특히 율이, 민영이, 지수가 아주 잘 썼어요.

정말 꼼꼼히 책을 읽고, 많이 생각해서 쓴 독후감이었어요.

와아

제법인데!

마치 선생님이 주인공이 된 것처럼 생생했어요. 칭찬해요!

너네 웬일이냐?

좋겠다.

와아

자! 오늘은 여기까지!

와아!

5 - 2

5 - 2

끝났다!

다녀왔습니다!

저 독후감 잘 썼다고 선생님께 칭찬받았어요!

그래? 잘했어!

민영이랑 지수도 모두 칭찬받았어요! 우리 세 명이 제일 잘 썼대요!

그랬구나!

응? 누구지?

따리롱

아! 사서님! 안녕하세요!

네? 오늘요?

?

오늘 도서관에서 공부 안 한대.

무슨 일이지?

그런데 도서관에 왜 가는 거야?

사서님이 그래도 오라고 하셨대.

우리 독후감 잘 썼다고 치킨 사주시려나?

그럼 좋겠다!

나도!

어? 사서님이 밖에 나와계시네.

사서님!

안녕하세요?

그래, 어서 오렴!

도서관 문이…

오늘 도서관 안 여나요?

그래. 오늘은 휴관일이야.

그래서 오늘 수업은 현장학습이란다!

와아! 현장학습이다!

우리 어디 가요?

와! 재미있겠다!

그동안 너희들이 적었던 하고 싶은 일, 관심 있는 일, 가고 싶은 곳을 직접 찾아가 보려고 해.

우와!

완전 기대돼요~

와아!

신난다!

우리 어디 가는 거예요?

민영이가 공무원에 관심이 많으니 공무원이 일하는 곳에 가 볼까?

정말요?

자! 여기가 서울시를 위해 일하는 공무원들이 있는 서울시청이야.

그리고 여긴 우리나라 전체를 위해 일하는 공무원들이 있는 정부종합청사야!

와아…

자! 다음은 지수가 관심 있는 디자이너의 작품을 보러 갈까?

와…!

여긴 디자이너들의 작품을 전시하는 곳이야.

와! 너무 멋지다!

어때? 마음에 드니?

네! 저도 멋진 디자이너가 돼서 제가 만든 작품을 여기에 전시할 거예요!

자! 다음은 지우를 기다리는 사람을 만나러 가 볼까?

지우요?

그럼 부자 만나러 가나요?

신난다!

자! 여기가 지우를 기다리는 사람의 사무실이야.

안녕하세요! 사장님이 기다리고 계세요.

사장님이래!

와아…

이 아이가 지우야.

아! 네가 지우구나! 아저씨 친구에게 이야기 많이 들었어!

안녕하세요?

아저씨처럼 부자가 되려면 어떻게 해야 해요? 저는 부자가 되고 싶어요.

그래?

무슨 이야기를 하는 걸까요?

지우가 듣고 싶었던 부자 이야기 아닐까?

얼마 후

오늘 시간 내줘서 고마워!

아냐, 오늘 너무 즐거웠어!

나중에 네 회사에 찾아갈 거야!

네!

놀러 오면 치킨 많이 사 드릴게요!

하하하…

치킨이 뭐냐…

약속했다?

이번엔 율이와 너희 모두를 위한 시간이야!

와!

여기가 어디야?

앗! 여긴!

놀이동산이야!

드론 체험도 있어!

와아!

어린이 드론 체험!

드론 체험이라니! 너무 기대돼요!

누나, 추로스야!

정말이네!

맛있겠다.

먹고 갈까?

네~ 좋아요!

내가 사 주려고
했는데…

저희도 용돈 벌잖아요!

괜찮아요!

참! 아까 사장 아저씨에게
물어봤어요. 사서님이 말했던
돈이 나를 위해 일하는
방법이요.

사장님이
뭐라고 했니?

주식이래요! 주식이 뭐예요?

그래, 이제 너희에게도

주식 이야기를 해 줘야겠구나.

흠… 어떻게 설명해 줄까…

그래! 그럼 지수와 지우를 예를 들어 설명해 볼까?

사실 지수는 추로스의 달인이야.

네? 아닌데요?

만약에 그렇다고 하자.

네.

왠지 어울려.

아…

지수는 추로스를 잘 만들고

세상에서 제일 멋진 추로스 가게를 내고 싶어 해.

그런데 지수는 가게를 낼 돈이 부족했어. 그런데 지우는 그동안 모아놓은 돈이 있었지.

돈이 부족해…

난 돈이 있는데…

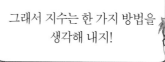

그래서 지수는 한 가지 방법을 생각해 내지!

그래! 나에게 가게 낼 돈을 도와준 사람에게 가게에서 번 돈을 나눠주자!

그리고 가게 낼 돈을 얻게 돼.

내가 도와줄게. 누나는 추로스 잘 만드니까.

고마워! 그 종이는 나에게 돈을 줬다는 뜻이야. 그 종이를 가지고 있으면 가게에서 번 돈을 나눠줄게!

추로스의 달인답게 지수의 가게는 장사가 잘되었어. 그래서 지우에게 번 돈을 나눠줄 수 있었지.

그런데 어느 날, 지우가 정말 가지고 싶었던 장난감이 생겼어! 하지만 살 돈이 부족했지.

돈이 부족하네…

그때 문득 지수에게 받은 종이가 떠올랐어. 이 종이를 팔면 돈이 될 거라 생각했어.

그리고 지수의 가게에 관심 있던 율이가 나타나자 그걸 팔았지.

이 종이를 가지고 있으면 누나 추로스 가게에서 번 돈을 나눠 받을 수 있어.

정말? 그 종이 나한테 팔아.

하지만 지수에게 줬던 돈 만큼만 받을 수는 없었어. 지수 가게도 잘되었고 나눠 받는 돈도 많으니 팔기가 아까웠거든. 그래도 로봇을 사기 위해 팔아야 하니 조금 비싸게 판 거야.

그렇게 지우는 종이를 판 돈과 가진 돈을 합쳐서 로봇을 샀어!

와! 가지고 싶었던 로봇 샀다!

지수는 종이를 가지고 있는 율이에게 번 돈을 나눠줬지.

그 종이를 가지고 있는 사람에게는 내가 가게에서 번 돈을 나눠주기로 약속했어.

고마워!

또 추로스 가게의 소식을 들은 민영이도 지수의 종이를 사기로 했지!

소문 들었어! 나도 종이 살게.

고마워! 받은 돈이 늘어났으니, 가게도 더 크게 늘려볼게!

그렇게 행복한 추로스 가게가 되었다는 이야기야.

우와! 그 종이 가지고 싶다!

그런 종이가 정말 있어요?

그럼! 이런 큰 놀이공원도 종이를 만들어 파는걸!

와아!

그럼 놀이공원에서 번 돈을 종이 산 사람에게 나눠줘요?

물론이지!

바로 그 종이의 이름이 주식이야!

그리고 주식을 팔아서 만든 돈으로 일을 하는 회사를 주식회사라고 하는 거야.

그런데 회사는 왜 주식 산 사람에게 번 돈을 계속 나눠줘요?

500원 받고 팔았다면 500원만 나눠주면 되는 거 아닌가요?

거기엔 중요한 이유가 있지!

주식을 산다는 것은 회사에 돈을 빌려준 것이 아니라, 회사의 주인이 되는 거란다.

그러니 회사가 망하든 성공하든 주인으로서 잃는 것도 있고, 얻는 것도 있겠지.

그럼 회사가 망하면 내가 투자한 돈도 없어지는 거네요!

주식을 사서 회사의 주인이 되었으니 당연히 그렇겠지?

이제 알겠어요. 제일 중요한 건 성공하는 회사를 고르는 거네요!

그래, 맞아! 추로스 가게 이야기에서 지우가 지수에게 종이를 산 이유가 뭐였을까?

지수가 추로스의 달인이니까요!

그렇지! 지우는 지수에 대해 잘 알고 있었기 때문이야. 그래서 성공할 거라고 생각한 거지!

그렇다면 우리가 주식을 살 때 제일 먼저 무엇을 해야 할까?

그 회사에 대해 알아봐야 해요!

망하면 안 되니까 잘 골라야 해요!

이제 알겠어요. 내가 주식을 산 회사가 일하면서 돈을 벌어서 나에게 주니까…

난 일하지 않아도 돈을 버는 거네요.

맞아, 정답이야.

그런데 엄만 주식은 도박 같은 거라면서 싫어하세요.

회사가 망하면 투자한 돈을 잃으니까 그런 거잖아.

그래, 많은 사람이 주식을 그렇게 생각한단다. 하지만 그건 주식을 제대로 이해하지 않았기 때문이야.

자! 이제 일어나 볼까? 드론 체험하러 가야지!

네!

와! 좋아요!

주식 수익률

미국의 유명한 농구선수 스펜서 헤이우드(Spencer Haywood)는 나이키의 광고를 촬영한 후 두 가지의 선택권을 제안받았다.

"광고비로 10만 불(약 1억)을 줄 테니 나이키 신발을 신고 뛰어라, 아니면 돈 대신 나이키의 주식을 10% 주겠다."

그 당시 나이키 회사가 지금처럼 크게 성장할지 몰랐던 스펜서는 고민하다가 이 제안에 대해 에이전시에 문의했다. 에이전시는 주식은 어찌 될지 모르니 10만 불을 받으라고 말했고, 그는 에이전시의 말대로 주식 대신 현금으로 광고비를 받았다.

스펜서는 오늘날 그 결정을 가장 후회한다고 한다. 약 45년이 흐른 현재, 나이키 주식 10% 가치는 약 9조 원이기 때문이다.

국내 투자자산별 누적수익률 비교

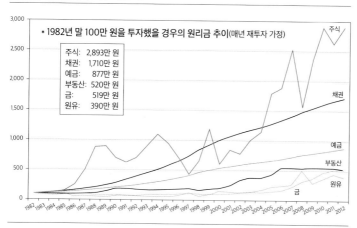

* 1982년 말 100만 원을 투자했을 경우의 원리금 추이(매년 재투자 가정)

주식:	2,893만 원
채권:	1,710만 원
예금:	877만 원
부동산:	520만 원
금:	519만 원
원유:	390만 원

출처: 한국거래소

한국 주요 기업 주가 상승률(2000년~2020년)

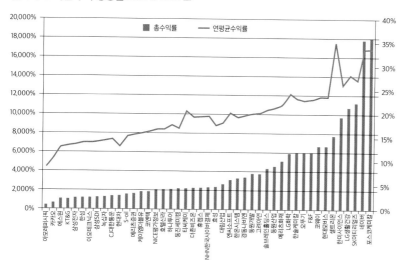

■ 총수익률 — 연평균수익률

4장 현명한 주인

학교 다녀오겠습니다!

잘 다녀오렴!

율이 성적도 오르고

심부름도 잘 하고

보글보글

아, 행복해!

차 한 잔할까?

깜짝이야!

링 링 리 링.. 리 링..

여보세요? 아, 민영이 엄마…

잠시 후

…

…

휴우…

무슨 일 있어요?
갑자기 이야기
좀 하자더니
웬 한숨을…

휴우… 나 완전 사서님에게
속은 기분이에요.

네?

그게 무슨 말이에요?

그동안 사서님에게 들은
이야기도 있고…

민영이가 하도 주식 이야기를 해서
좀 알아봤어요.

마침 옆집 사는 엄마도 주식을 한다기에
이것저것 물어봤지요.

그런데요?

처음엔 하루에도 막 오르고
그러길래 잔뜩 샀어요.

그런데 며칠 전부터 계속
떨어지기만 하는 거예요.

남편 몰래 저축한 돈하고 빌린 돈까지
다 모아서 샀는데요.

저런…

생각해 보면 이게 모두 사서님 때문이잖아요! 괜한 주식 이야기를 해서 이렇게 된 거라고요!

그, 그게…

그렇게 되나요?

휴우…

너무 걱정 말아요.

좀 더 기다려 봐요. 언젠가 오르겠지요.

그렇게 될까요?

요즘 엄마가 한숨만 쉬고 있어.

너 말썽 피웠구나.

무슨 일 있었어?

아무래도 주식 때문인 것 같아.

내가 엄마한테 주식 이야기 많이 했거든. 그래서 엄마가 옆집 아줌마에게 물어보고 주식을 사셨어.

혹시 투자한 회사가 망한 거야?

그건 아닌데… 엄마가 샀을 때보다 가격이 엄청 떨어졌대. 그래서 아빠한테도 말하지 말라고 하셨어. 걱정하신다고…

그 회사가 일을 못하나봐! 잘 알아보고 사야 하는데…

사서님에게 물어보면 어떨까? 사서님은 방법을 아실 거야.

어? 저기 좀 봐.

쟤 저기서 뭐 하는 거야?

와! 이 과자 맛있겠다.

야! 김지우! 너 뭐해?

누나! 이거 봐! 티비에 나왔던 과자가 있어!

나 이거 먹어 볼래!

잠깐!

왜? 형?

그 과자, 600원보다 더 싸게 파는 곳을 내가 알아.

정말?

121

나만 따라와.

와! 형은 그런 곳을 어떻게 알아?

엄마 장보러 갈 때마다 같이 다니거든. 그때 알게 되었어.

바로 저기야!

우와!

형, 있긴 있는데 다섯 개에 이천 원이야.

30%

1+3 30%

5개 2000원.

나 1000원 밖에 없어. 어떡하지?

걱정 마! 나도 돈 낼게!

뭐해? 너희들도 500원씩 내.

내가 왜? 난 안 먹고 싶어.

이 과자 원래 얼마인지 알아? 600원이라고. 그런데 500원이면 살 수 있는데도 싫어? 게다가 하나 더 주잖아.

난 먹어 볼래!

…

잘 생각했어.

쳇! 다 내는데 나만 안 낼 순 없잖아.

잠깐만 기다려! 금방 계산하고 올게!

이거 맛있다!

거봐, 맛있잖아.

하나 남은 건 어떡하지?

그건 사서님 드리자!

그래, 그게 좋겠어.

사서님도 좋아하실 거야.

다, 당연하지…

사서님이 안 먹겠다고 하면 우리가 나눠 먹자…

그럴 일은 없을 거야.

맞아.

응?

와! 이거 요즘 티비에서 광고하는 과자구나!

맞아요, 아주 맛있어요.

율이 덕분에 싸게 샀어요.

율이 덕분에 싸게 샀다니?

별것 아니에요.

잠시 후

아, 그랬구나!

말하자면 펀드구나!

펀드?

펀드가 뭐예요?

과자를 사기 위해 너희들이 했던 것이 펀드란다.

우리가 했던 것이요?

뭐지?

과자를 사기 위해 돈을 모은 것이 바로 펀드란다.

과자뿐만 아니라, 어떤 목적을 위해 돈을 모으는 모든 일을 펀드라고 해.

낡은 공원을 고치는 데 힘을 모아 주세요.

공원 환경 개선을 위한 모금

모금함

그런데 주식에도 펀드가 있다는 거 아니?

사람들의 돈을 모아 주식을 사는 건가요?

와아…

흐음, 비슷하긴 하지만 사람들이 투자를 위해 펀드를 하는 이유는 조금 다르단다.

우선 오늘 율이의 활약에 대해 먼저 이야기해야 할 것 같아.

오늘 과자를 싸게 살 수 있었던 것은 율이 덕분이었어. 율이가 과자를 싸게 파는 곳을 알고 있었고, 너희들의 돈을 모아 과자를 샀지.

따라와! 내가 싸게 파는 곳을 알아.

주식에도 율이처럼 펀드 매니저라 불리는 전문가가 있어.

제가 주식 투자에 대해 잘 압니다. 제가 대신 투자해 드리죠.

펀드 매니저는 주식 투자의 전문성을 가진 사람이지. 그래서 주식을 잘 모르는 사람들도 투자를 맡길 수 있는 거지.

그리고 사람들은 나 대신 열심히 일해준 펀드 매니저에게 수고했다는 뜻으로 수수료를 주지.

그럼 펀드 매니저에게 투자를 부탁하면 망하는 일도 없겠네요?

맞아요! 주식의 고수잖아요!

주식에 대한 경험과 지식이 많으니 보통 사람들보다는 훨씬 안전한 투자를 할 수 있겠지!

하지만 펀드 매니저도 미래를 볼 수는 없지 않겠니?

미래요?

무슨 말이죠?

어떤 회사의 가치는 정말 다양한 일에 의해 올라가기도 하고 떨어지기도 한단다. 전문가들은 많은 경험으로 그 변화를 알아내려고 노력하지만, 미래를 보는 능력은 없으니 모든 걸 알 수는 없겠지?

이게 무슨 일이야! 내가 투자한 회사에 불이 나서 주가가 떨어졌어!

맞아, 나도 내가 언제 넘어질지 모른다고.

하지만 길을 알면 좀 더 안전하게 걸을 수 있지.

…

우리 엄마가 펀드를 좀 더 일찍 알았다면 좋았을 텐데…

엄마에게 무슨 일이라도 생겼니?

제가 맨날 집에 가면 엄마에게 주식 이야기를 했어요. 그래서 엄마도 주식에 관심을 가지기 시작했고요.

그런데 옆집 아줌마가 주식에 대해 잘 안다며 오랫동안 이야기를 나눴어요.

내가 잘 나가는 종목 찍어 줄게!

고마워요!

엄만 주식이 잘 되었는지 처음에는 엄청 좋아하셨어요.

그런데 며칠 후부터 엄마가 한숨을 쉬기 시작했어요. 투자한 회사 주식이 떨어졌나 봐요.

제가 엄마한테 괜히 주식 이야기를 했나 봐요.

그건 민영이 탓이 아니야. 주식 탓도 아니고…

정말요?

너희들 모두 스마트폰 가지고 있지?

네!

스마트폰으로 영상도 보고, 음악도 듣고, 또 사전으로도 쓰고, 지도도 보고, 물론 전화, 문자, 톡도 하고… 정말 편리한 제품이야.

게임도 있어요!

맞아요!

그래! 재미있는 게임도 많지!

그런데 어떤 사람은 스마트폰으로 악플도 쓰고, 몰카도 찍고, 해킹도 하고, 사기도 치고…

그럼 스마트폰은 나쁜 제품일까?

아니요!

좋은 방법으로 써야 해요!

스마트폰은 죄가 없어요!

주식도 마찬가지란다.
주식이 우리에게 도움이 되려면
올바른 방법으로 투자해야
한단다.

어떤 방법이 올바른 방법인가요?
엄마한테도 알려줄래요!

저도
알려주세요!

저도요!

저도요!

그럼 소를 산
두 사람의
이야기를
해 볼까?

옛날에 밭을 가진 김씨와 이씨라는
두 농부가 있었어. 두 사람은 밭에서
일할 소를 사려고 했지.

김씨는 자신이 가진 재산에서
부담 없을 정도만 떼어
소를 사기로 했어.

너무 많은 돈을 쓰면
위험하니까
이 정도만 써야지.

하지만 이씨는 이웃의 말을 듣고
집을 팔아 최고의 소를
사기로 했어.

요즘은
검정 소가
최고라고!

그래? 비싸긴 하지만
무리해서라도
검정 소를 사야겠어!

131

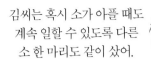
김씨는 혹시 소가 아플 때도
계속 일할 수 있도록 다른
소 한 마리도 같이 샀어.

하지만 이씨는 가진 돈을 모두
털어 최고라고 소문난 검은 소
한 마리를 샀지.

김씨는 사온 소로 밭을 갈기
시작했어.

이씨도 검은 소로 밭을 갈기 시작했어.
하지만 검은 소를 사느라 돈을 많이
쓰는 바람에 이씨의 집은
아주 작아졌어.

시간이 지나고 소가 지치자
김씨는 다른 소로 밭을
갈았어.

넌 좀 쉬렴.

이제 네가 일할
차례구나.

하지만 이씨는 검은 소가
지치자 일을 할 수 없었어.

뭐 이래?

소를 잘못 산 거
아니야?

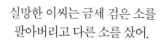

실망한 이씨는 금세 검은 소를
팔아버리고 다른 소를 샀어.

그동안에도 김씨는 소를
바꿔가며 계속 일을
할 수 있었지.

이제는 네가 쉬고,
네가 일하자꾸나.

지금은 검은 소 값이
내려서 많이 쳐줄 수가
없소이다.

할 수 없지.
힘센 다른 소로
주시오.

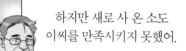

하지만 새로 사 온 소도
이씨를 만족시키지 못했어.

이 녀석도 금세 지치네?

또 팔아야겠어!

그리고 오랜 시간이
흘렀지.

…

그동안 김씨의 소는 송아지도 낳고,
일도 열심히 해서 김씨를
부자로 만들어 줬어.

하지만 계속 소를 바꾸던 이씨는
결국 아무것도 남은 게 없이
망하고 말았지.

검은 소가 기운 차릴 때까지 기다렸으면 망하지 않았을 거야. 조금 지쳤다고 파는 게 어디 있어?

아냐! 처음부터 잘못한 거야.

가진 걸 모두 털어서 소를 사면 어떡해. 결국 거지가 되었잖아.

김씨가 두 마리의 소를 산 건 정말 잘한 일인 것 같아. 한 마리 소가 지치면 다른 소가 일할 수 있잖아.

남의 말만 듣고 검은 소를 산 것도 잘못이야. 검은 소에 대해 잘 알아봤다면 좋았을 텐데…

꼭 우리 엄마 보는 것 같아.

자! 너희들 생각에 어떤 주인이 더 현명한 것 같니?

당연히 김씨죠!

그래, 맞았어! 그럼 이제 이 이야기의 교훈을 정리해 볼까?

이래 봬도 독후감으로 칭찬받았다고요. 정리하면 바로 저죠!

저도 칭찬 받았어요!

저도요!

첫 번째! 너무 많지 않은 적당한 돈으로 소를 사야 한다!

두 번째! 소 한 마리만 사면 위험하니까, 다른 소도 같이 사야 한다!

세 번째! 소는 자꾸 팔지 말고 오래 데리고 있어야 한다!

네 번째! 자기가 잘 알아보고 소를 사야 한다!

그래! 모두 잘했어!

그럼 너희들이 정리한 이야기에서 '소' 대신 '주식'을 넣어 볼까?

첫 번째, 너무 많지 않은 적당한 돈으로 주식을 사야 한다.

두 번째, 주식 하나만 사면 위험하니까, 다른 주식도 같이 사야 한다.

세 번째, 주식은 자꾸 팔지 말고 오래 가지고 있어야 한다!

네 번째, 자기가 잘 알아보고 주식을 사야 한다!

그래, 애들아! 그게 바로 주식 투자의 올바른 방법이란다!

엄마! 다녀왔어요!

다녀왔니?

엄마! 나 오늘 정말 재미있는 이야기 들었어요! 엄마한테도 이야기해 줄게요!

엄마 피곤한데…

옛날에 김씨와 이씨라는 농부가 살았대요. 그리고 농사를 지으려고 소를 사려고 했어요.

소?

김씨는 소 두 마리를 사고, 이씨는 검은 소 한 마리를 샀어요.

그런데?

그다음은 어떻게 됐어?

며칠 후

위잉~

응? 누구지?

링
링 리
링..
리
링..

위잉..

여보세요~

나예요,
율이 엄마!

아! 민영 엄마!

우리 오랜만에
차 한 잔할래요?

그, 그래요!
거기서 봐요!

민영 엄마가
아직도 기운을
차리지 못했나?

나 주식 다시 시작했어요!

얼굴이 좋아 보여요.

주식이 잘 되나 봐요?

아직 모르죠. 아주 오랫동안 지켜볼 생각이거든요!

무슨 비결이라도 알아냈어요?

우리에게도 알려 줘요.

흠흠… 민영이가 들려준 이야기에서 배운 건데요.

첫째, 여유 자금으로 투자하기!

둘째, 분산 투자하기!

셋째, 장기 투자하기!

넷째, 회사에 대해 잘 알아보고 투자하기!

그게 다예요?

그렇다니까요?

이것만 잘 지켜도 반은 성공이라고요!

주식 vs 채권 vs 펀드

주식

주식은 특정 주식회사의 지분 권리를 조각내고 작게 나누어 사고팔 수 있도록
만든 증서다. 회사에서 돈을 투자해 줄 사람에게 발행하는 지분인 주식을 소
유한다는 것은 해당 기업의 주주가 되는 것이고 그에 따른 권리와 책임이 주
어진다. 기업의 지분이 많은 주주는 기업 전략을 세울 수 있고 기업의 제안에
대해 의결권을 행사할 권리를 가진다.

회사는 주식을 발행해 모은 돈으로 경영을 하고, 이익이 생기면 주주들과 나
눈다. 주주는 배당금뿐 아니라 주식 가치 상승으로 인한 시세차익을 얻을 수
있다.

주식은 보통주, 우선주로 나눌 수 있는데 일반적으로 주식이라고 하면 흔히
보통주를 말한다. 시가총액을 기준으로 대형주, 중형주, 소형주로 나눌 수 있
고, 기업 규모를 기준으로 코스피와 코스닥으로 나눌 수도 있다. 또한 투자 목
적을 기준으로 주도주, 가치주, 성장주, 배당주 등으로 나눌 수도 있다.

채권

정부, 공공단체, 주식회사 등이 일반인으로부터 거액의 자금을 일시에 조달하
기 위해 발행하는 차용증서로 '빌린 금액 얼마에 대해 몇 년 후, 몇 %의 이율
로 원금과 함께 갚는다'고 써놓은 것이다. 투자자는 채권자가 되어 기업에게
돈을 빌려주고 그 대가로 일정한 이자를 받게 되며 만기 시에는 원금을 돌려
받는다. 이자소득 외에도 주식처럼 채권 가격 변동으로 발생하는 시세차익을

얻을 수 있다.

채권은 주식과 달리 이익에 상관없이 이자를 지급하고, 채권 시장이 변동해도 채권 만기 시 원금 상환은 이루어진다. 기업이 파산하더라도 채권 투자자는 주주보다 먼저 변제받을 권리를 가진다.

채권은 발행주체에 따라 국채, 지방채, 특수채, 금융채, 회사채로 나눌 수 있고, 상환기간에 따라 단기채, 중기채, 장기채로 나눌 수 있다.

펀드

다수의 투자자로부터 자금을 모아 증권 등의 자산에 투자하고 그 수익을 투자 지분에 따라 투자자에게 배분하는 집단적, 간접적 투자제도다.

펀드를 통해 투자할 경우, 여러 투자자의 투자금을 더해 펀드매니저가 선정한 다양한 주식, 채권, 기타 금융자산 등에 투자한 후 관리를 받게 된다. 펀드는 전문가들이 충분한 조사를 통해 투자하기 때문에 전문적이며, 분산투자를 하기 때문에 위험을 분산시키고 변동성을 줄일 수 있다. 펀드에 가입한다는 것은 주식처럼 개별 종목을 사는 것이 아니라 일종의 포트폴리오를 구매하는 것과 같다.

주식에 많은 시간을 할애하기 어려운 사람들은 시간을 절약할 수 있는 펀드를 이용하는 것이 좋지만 수수료를 부담해야 한다.

 **5장** 새로운 출발

머칠 후, 공개 수업

ㅉ짝
ㅉ짝
ㅉ짝

와아!

잘한다!

헤헤…

잘하는걸.

우리 아이도 저 애처럼
잘했으면 좋겠네요.

호호…

ㅉ짝
ㅉ짝
ㅉ짝

아주 잘했어요!
율이가 이렇게
발표를 잘하다니,
깜짝 놀랐어요!

감사합니다.

어서 오세요, 율이 어머니.

교무실

안녕하세요, 선생님.

율이 발표 보셨죠? 너무 잘해서 깜짝 놀랐어요.

호호호. 감사합니다.

공부도 안 하고 장난만 치는지 알았는데…

공부를 안 하긴요, 지금은 다른 친구들의 공부를 도와주기도 하는걸요.

네? 정말요?

아이들이 모르는 게 있으면 쉬는 시간이나 점심시간에 율이에게 물어보곤 해요.

율아, 이 문제 어떻게 푸는 거야?

아~ 이건 이렇게 푸는 거야.

매번 친절하게 가르쳐 줘서 고마워.

아냐, 너한테 가르쳐 주면서 나도 한 번 더 공부하게 되니까, 나도 좋아.

아이들은 율이가 쉽게 가르쳐 주니까 좋아하고, 율이도 친구들을 가르쳐 주는 걸 아주 좋아하더라고요. 덕분에 우리반 전체 성적이 많이 올랐어요.

율이가 이렇게 변한 비결이 있을 거 같은데 그게 뭐예요?

저도 알고 싶어요.

비결이요? 글쎄요… 도서관에 자주 보낸 거 밖에는 없어요.

너 오늘 발표 잘하더라.

맞아. 제법이던데?

책을 많이 읽어서 그런지 이제 발표는 자신 있어.

나도 너처럼 공부 잘하게 되는 방법 좀 알려 줘.

응?

너처럼 공부 안 하고 장난만 치던 아이가 공부 잘하게 되니까 나도 용기가 나더라.

우리 사부님이 공부를 잘하려면 꿈이 있어야 한다고 하셨어.

꿈?

공부는 그냥… 대학가려고 하는 거 아니었어?

아냐. 대학은 그냥 과정일 뿐이야. 꿈으로 다가가는 과정 말이야.

흐음…
내 꿈이라면…

그래, 네가 되고 싶고
하고 싶은 일 말이야.

난 게임 만드는 사람이
되고 싶어!

좋아! 그럼 이제부터 게임 만드는
사람이 되기 위해 공부해 봐!

게임 만드는 사람이
되기 위한 공부?

생각만 해도
신이 나는걸!

굉장해… 내가
이런 말을 해 줄 수
있다니…

뭐야, 스스로
감탄한 거야?

하긴 율이가 많이
변하긴 했지.

너희도
마찬가지야.

하하, 그래.
맞아, 맞아.

148

3년 후

내가 학원 안 다닌다고 했더니 우리반 애들이 거짓말인 줄 알더라.

나도!

나한테는 학원 안 다니면 과외하는 거 아니냐고 묻던데?

그리고 3년 후

모의고사 성적이 나왔다.

지수 성적이 많이 올랐구나. 영어만 조금 올리면 네가 원하는 학교에 갈 수 있으니까 조금만 더 열심히 해라.

네, 선생님.

내가 다니는 학원에 같이 다닐래?

아니, 난 영어 방송 들으면서 혼자 할 거야.

혼자 한다고?

응.

대학교 합격자 발표일

어서 들어가 보렴.

다그치지 말아요.

휴… 너무 긴장돼요.

수험번호가…

너무 떨려…

저는 떨려서 못 보겠어요.

합격이다!

그동안 고생 많았어.

우리 딸, 축하한다!

지수예요!

지수야! 너도 합격했구나!

율이는?

율이도 합격했대.

친구들도 모두 합격했대요!

정말 잘 됐네. 다들 원하는 학교에 합격했으니 파티를 해야겠는걸!

사서님 덕분에 꿈을 이루어가고 있는 너희를 보니 정말 기특하고 사서님께 어떻게 감사를 해야 할지 모르겠구나.

졸업식

…

사서님!

아!

여기에요!

안녕하세요, 선배님!

벌써 졸업이구나! 다들 축하한다!

감사합니다!

와 주서서 고맙습니다.

지우는 못 본 사이에 많이 컸구나.

헤헤…

큰 건 아니지만 너희들에게 줄 선물이 있단다.

졸업 축하한다.

고맙습니다!

와아…

와 주신 것만으로도 감사한데 선물까지 주시다니…

어서 열어보렴!

뭘까요? 용돈 아닐까요?

쉿, 조용히 해요.

이게 뭐예요?

주식 통장이네요.

맞아! 그 통장은 너희들이 도서관에 처음 왔을 때 만든 거란다.

엄마들에게 받은 학원비로 주식에 투자한 거란다.

그게 벌써 그만큼이나 불어났더구나!

아이들 이름으로 통장 하나씩 개설해 달라고 하시더니 그게 이거예요?

네, 맞아요!

너, 너무 큰돈이야!

우와!

세상에…

어머나! 이렇게나 많이?

그 정도면 너희들 4년 등록금은 문제 없겠지?

이렇게 큰돈을 받아도 되나요?

너무 큰 선물이에요.

부담 가지실 필요 없어요. 처음부터 그 돈은 아이들 것이었으니까요.

전 그저 학원비가 투자를 통해 얼마나 유용하게 변할 수 있는지 보여드리고 싶었을 뿐이에요.

사서님, 저희도 도서관 다닐게요.

저희도 가르쳐 주세요.

저도요, 선배님.

하하하.

아빠들도 도서관에 다니려고 하나 봐.

어릴 때 생각난다.

정말 재미있었는데…

다들 농담은 그만 하시고 우리 다 같이 사진 찍어요.

네~!

이제 찍어요~

어서 와!

하나! 둘! 셋!

주식 투자 대가들의 명언

워런 버핏(Warren Buffett)

투자 역사상 가장 위대한 투자가로 주식 투자로 세계 최고의 부자가 되었다. 버크셔 해서웨이란 투자 회사를 운영하며 베풀고 나누는 삶을 실천하고 있다. 별명은 오마하의 현인이다.

"나의 투자원칙은 두 가지다. 첫째, 돈을 잃지 말라. 둘째, 첫 번째 원칙을 절대 잊지 말라."
"10년 동안 주식을 소유할 자신이 없다면 단 10분도 보유하지 말라."

피터 린치(Peter Lynch)

월스트리트 역사상 가장 성공한 펀드 매니저로 마젤란 펀드를 2천만 달러에 인수한 후 13년간 운용하여 2,700%의 수익률을 낸 월스트리트의 살아 있는 전설이다.

"거시경제보다는 개별기업의 가치에 주목하라."
"주식시장은 확신을 요구하며, 확신이 없는 사람들은 반드시 희생된다."

벤저민 그레이엄(Benjamin Graham)

가치투자의 아버지며 증권투자를 과학의 반열에 올려 놓았다. 투자회사를 설립하고 운영하면서 대학강의 등으로 워런 버핏 등 수많은 투자의 대가를 양성했다.

"절대 손해보지 말 것, 안전마진을 확보할 것, 두 가지만 기억하라."

존 보글(John Clifton Bogle)

뱅가드그룹 설립자이자 회장이며 세계 최초로 인덱스펀드를 개발했다.

"시간은 투자자의 친구지만, 충동은 적이다."
"우연히 높은 수익률을 거둘 수는 있다. 하지만 1년에 10% 이상의 수익률을 기대해서는 안 된다. 역사적으로 연평균 수익률이 10%를 넘는 경우는 거의 없기 때문이다."

필립 피셔(Philip A. Fisher)

벤저민 그레이엄과 함께 현대적인 투자 이론을 개척한 인물이다. 1950년대에 처음으로 '성장주(GROWTH STOCKS)'라는 개념을 소개해 월 스트리트의 투자 흐름을 완전히 바꾸어 놓았다.

"주식 투자에서 볼 수 있는 가장 큰 손해는 훌륭한 회사를 너무 일찍 파는 것에서 비롯된다. 오래 보유했다면 수백%, 수천%의 경이적인 수익을 안겨줄 회사를 수십% 정도 올랐을 때 빨리 팔아 버리는 게 장기적으로 보면 제일 큰 손실이다."